Mon carnet de voyage
Laponie

Ce carnet appartient à

_____

_____

Embarquement immédiat pour : ▬▬▬▬▬▬

Bienvenue à Bord!

Vous trouverez dans ce carnet des tableaux pour planifier un voyage, des conseils pour gérer votre budget vacances, des emplacements pour vos plus belles photos etc..

Mais vous allez y trouver surtout de la place pour décrire votre voyage.
En effet, aucune photo aussi belle soit telle ne peut traduire fidèlement l'émotion d'une nuit sous des aurores boréales , ou de rencontrer le père Noël en chair et en os par exemple

Alors prenez votre plus belle plume et immortalisez vos émotions dans votre
CARNET DE VOYAGE

Bon voyage!

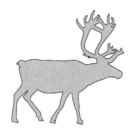

- Faire une balade en chiens de traineau

- Visiter un hôtel sur glace

- Faire une excursion en moto neige

- Faire une balade en raquettes

- essayer le sauna finlandais

- visiter une ferme de rennes

- ESSAYER LA PECHE SUR GLACE

LES INCONTOURNABLES DE LA LAPONIE

Observer les aurores boreales : la laponie est l'un des meilleurs endroits au monde pour admirer les fascinantes lumieres du Nord. Pendant les nuits claires d'hiver, vous pouvez vous aventurer dans des safaris d'aurores boreales pour avoir la chance d'assister a ce spectacle naturel incroyable.

Balade en traineau a chiens :
Vivez la sensation excitante de glisser a travers les paysages enneiges tout en etant tire par une equipe de chiens huskies ou samoyedes. les balades en traineau a chiens sont une activite populaire qui vous permet de profiter de la beaute de l'environnement naturel.

Safari en motoneige :
Partez a l'aventure en conduisant une motoneige a travers les etendues enneigees de la laponie. Vous pouvez rejoindre des safaris en motoneige et decouvrir des paysages magnifiques tout en profitant de l'excitation de la conduite sur neige.

Rencontre avec le Pere Noel :
Rendez-vous au village du Pere Noel a Rovaniemi, en finlande, et rencontrez le celebre bonhomme en rouge.
Vous pouvez visiter sa maison, prendre des photos et meme lui remettre votre lettre de Noel.

Randonnee en raquettes :
Explorez les magnifiques forets enneigees de la laponie en faisant de la randonnee en raquettes. Cette activite vous permettra de vous immerger dans la nature et d'apprecier la tranquillite de l'environnement hivernal.

Visite d'un elevage de rennes :
Decouvrez le mode de vie traditionnel des eleveurs de rennes samisen visitant un elevage de rennes. Vous pourrez en apprendre davantage sur la culture samiset peut-etre meme faire une balade en traineau tire par des rennes.

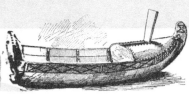

Date:

Ma bucket list voyage

Priorite 1 (A realiser absolument)

_____ ☐
_____ ☐
_____ ☐
_____ ☐
_____ ☐
_____ ☐

Priorite 2 (A realiser si possible)

_____ ☐
_____ ☐
_____ ☐
_____ ☐
_____ ☐
_____ ☐

Avant le voyage...

Avant le voyage...

Pensez à votre prochain voyage (ou au voyage que vous êtes en train de faire). Où allez-vous ?

_____
_____
_____
_____

Avec qui voyagez-vous ? Allez-vous rendre visite à quelqu'un ?

_____
_____
_____
_____

Qu'est-ce qui vous enthousiasme le plus ? Expliquez en détail tout ce qui vous enthousiasme le plus dans le voyage ou la journée à venir..

_____
_____
_____
_____
_____
_____
_____
_____
_____
_____

Quels selfies souhaitez-vous prendre ? Prévoyez quand, comment et avec qui vous les prendrez.

_____
_____
_____
_____
_____
_____

Avant le voyage...

Faites une liste des choses que vous voulez emporter en voyage.

- ■
- •
- •
- •
- •
- •

- •
- •
- •
- •
- •

Faites une liste des ...

...des endroits que vous voulez visiter	...des choses que vous voulez faire
■	•
•	•
•	•
•	•
•	•
•	•
•	•

Avant le voyage...

Pensez à votre prochain voyage (ou au voyage que vous êtes en train de faire). Où allez-vous ?

_____
_____
_____
_____

Avec qui voyagez-vous ? Allez-vous rendre visite à quelqu'un ?

_____
_____
_____
_____

Qu'est-ce qui vous enthousiasme le plus ? Expliquez en détail tout ce qui vous enthousiasme le plus dans le voyage ou la journée à venir..

_____
_____
_____
_____
_____
_____
_____
_____
_____
_____
_____

Quels selfies souhaitez-vous prendre ? Prévoyez quand, comment et avec qui vous les prendrez.

_____
_____
_____
_____
_____
_____

Avant le voyage...   **Date:**_____

Faites une liste des choses que vous voulez emporter en voyage.

-
-
-
-
-
-

Faites une liste des ...

...des endroits que vous voulez visiter	...des choses que vous voulez faire

Avant le voyage...   Date:_____

Pensez à votre prochain voyage (ou au voyage que vous êtes en train de faire). Où allez-vous ?

_____
_____
_____
_____

Avec qui voyagez-vous ? Allez-vous rendre visite à quelqu'un ?

_____
_____
_____
_____

Qu'est-ce qui vous enthousiasme le plus ? Expliquez en détail tout ce qui vous enthousiasme le plus dans le voyage ou la journée à venir..

_____
_____
_____
_____
_____
_____
_____
_____
_____
_____
_____

Quels selfies souhaitez-vous prendre ? Prévoyez quand, comment et avec qui vous les prendrez.

_____
_____
_____
_____
_____

Avant le voyage...

Faites une liste des choses que vous voulez emporter en voyage.

-
-
-
-
-
-

-
-
-
-
-
-

Faites une liste des ...

...des endroits que vous voulez visiter	...des choses que vous voulez faire

Avant le voyage...

Pensez à votre prochain voyage (ou au voyage que vous êtes en train de faire). Où allez-vous ?

_____
_____
_____
_____

Avec qui voyagez-vous ? Allez-vous rendre visite à quelqu'un ?

_____
_____
_____
_____

Qu'est-ce qui vous enthousiasme le plus ? Expliquez en détail tout ce qui vous enthousiasme le plus dans le voyage ou la journée à venir..

_____
_____
_____
_____
_____
_____
_____
_____
_____
_____

Quels selfies souhaitez-vous prendre ? Prévoyez quand, comment et avec qui vous les prendrez.

_____
_____
_____
_____
_____
_____

Avant le voyage...

Faites une liste des choses que vous voulez emporter en voyage.

- ▪
- •
- •
- •
- •
- •

- •
- •
- •
- •
- •
- •

Faites une liste des ...

...des endroits que vous voulez visiter	...des choses que vous voulez faire
▪	•
•	•
•	•
•	•
•	•
•	•

Avant le voyage...

Date:_____

Pensez à votre prochain voyage (ou au voyage que vous êtes en train de faire). Où allez-vous ?

_____
_____
_____
_____

Avec qui voyagez-vous ? Allez-vous rendre visite à quelqu'un ?

_____
_____
_____
_____

Qu'est-ce qui vous enthousiasme le plus ? Expliquez en détail tout ce qui vous enthousiasme le plus dans le voyage ou la journée à venir..

_____
_____
_____
_____
_____
_____
_____
_____
_____
_____
_____

Quels selfies souhaitez-vous prendre ? Prévoyez quand, comment et avec qui vous les prendrez.

_____
_____
_____
_____
_____
_____

Avant le voyage...

Faites une liste des choses que vous voulez emporter en voyage.

-
-
-
-
-
-

Faites une liste des ...

...des endroits que vous voulez visiter	...des choses que vous voulez faire

Avant le voyage...

Pensez à votre prochain voyage (ou au voyage que vous êtes en train de faire). Où allez-vous ?

_____
_____
_____
_____

Avec qui voyagez-vous ? Allez-vous rendre visite à quelqu'un ?

_____
_____
_____
_____

Qu'est-ce qui vous enthousiasme le plus ? Expliquez en détail tout ce qui vous enthousiasme le plus dans le voyage ou la journée à venir..

_____
_____
_____
_____
_____
_____
_____
_____
_____
_____

Quels selfies souhaitez-vous prendre ? Prévoyez quand, comment et avec qui vous les prendrez.

_____
_____
_____
_____
_____

Avant le voyage...

Faites une liste des choses que vous voulez emporter en voyage.

-
-
-
-
-
-

-
-
-
-
-
-

Faites une liste des ...

...des endroits que vous voulez visiter	...des choses que vous voulez faire
▪	•
•	•
•	•
•	•
•	•
•	•
•	•

Le voyage...

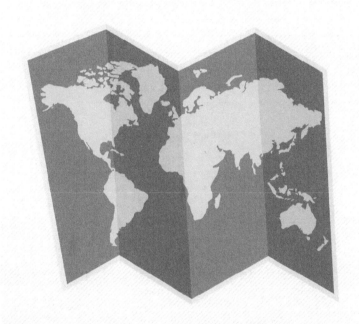

Le voyage...   Lieu:_____

Météo   Humeur

Ce que j'ai fait aujourd'hui...
_____
_____
_____
_____
_____
_____
_____

Ce que j'ai aimé aujourd'hui...
_____
_____
_____
_____
_____
_____

Ce que je n'ai pas aimé aujourd'hui...
_____
_____
_____

Le voyage...   **Date:**_____

Les projets pour demain...

~~~~~~

~~~~~~

~~~~~~

~~~~~~

~~~~~~

~~~~~~

~~~~~~

Dessinez ici quelque chose que avez vu, ou collez un ticket,
une facture, une carte, quelque chose que vous avez reçu
et qui vous fera un souvenir de ce que vous avez fait
aujourd'hui...

Évaluation du jour ☆☆☆☆☆

Le voyage...　　　　　Lieu:_____

Météo　　　　　　　　Humeur

Ce que j'ai fait aujourd'hui...

_____
_____
_____
_____
_____
_____
_____
_____

Ce que j'ai aimé aujourd'hui…

_____
_____
_____
_____
_____
_____
_____
_____

Ce que je n'ai pas aimé aujourd'hui…

_____
_____
_____

Le voyage...   Date:_____

Les projets pour demain...

Dessinez ici quelque chose que avez vu, ou collez un ticket,
une facture, une carte, quelque chose que vous avez reçu
et qui vous fera un souvenir de ce que vous avez fait
aujourd'hui...

Évaluation du jour ☆ ☆ ☆ ☆ ☆

Le voyage...   Lieu:_____

Météo   Humeur

Ce que j'ai fait aujourd'hui...
_____
_____
_____
_____
_____
_____
_____

Ce que j'ai aimé aujourd'hui...

_____
_____
_____
_____
_____
_____
_____

Ce que je n'ai pas aimé aujourd'hui...
_____
_____
_____

Le voyage...   Date:_____

Les projets pour demain...

_____
_____
_____
_____
_____
_____
_____

Dessinez ici quelque chose que avez vu, ou collez un ticket,
une facture, une carte, quelque chose que vous avez reçu
et qui vous fera un souvenir de ce que vous avez fait
aujourd'hui...

Évaluation du jour ☆ ☆ ☆ ☆ ☆

Le voyage...   Lieu:_____

Ce que j'ai fait aujourd'hui...

_____
_____
_____
_____
_____
_____
_____
_____

Ce que j'ai aimé aujourd'hui...

_____
_____
_____
_____
_____
_____
_____
_____

Ce que je n'ai pas aimé aujourd'hui...

_____
_____
_____

Le voyage...   **Date:**_____

Les projets pour demain...

_____
_____
_____
_____
_____
_____
_____
_____

Dessinez ici quelque chose que avez vu, ou collez un ticket,
une facture, une carte, quelque chose que vous avez reçu
et qui vous fera un souvenir de ce que vous avez fait
aujourd'hui...

Évaluation du jour ☆ ☆ ☆ ☆ ☆

Le voyage...   **Lieu:**_____

Météo   Humeur

Ce que j'ai fait aujourd'hui...

_____
_____
_____
_____
_____
_____
_____

Ce que j'ai aimé aujourd'hui...

_____
_____
_____
_____
_____
_____
_____

Ce que je n'ai pas aimé aujourd'hui...

_____
_____
_____

Le voyage...   **Date:**_____

Les projets pour demain...

~~~~~~
~~~~~~
~~~~~~
~~~~~~
~~~~~~
~~~~~~

Dessinez ici quelque chose que avez vu, ou collez un ticket,
une facture, une carte, quelque chose que vous avez reçu
et qui vous fera un souvenir de ce que vous avez fait
aujourd'hui...

Évaluation du jour ☆☆☆☆☆

Le voyage...   Lieu:_____

Météo   Humeur

Ce que j'ai fait aujourd'hui...

_____
_____
_____
_____
_____
_____
_____

Ce que j'ai aimé aujourd'hui...

_____
_____
_____
_____
_____
_____
_____

Ce que je n'ai pas aimé aujourd'hui...

_____
_____
_____

Le voyage...   **Date:**_____

Les projets pour demain...

Dessinez ici quelque chose que avez vu, ou collez un ticket,
une facture, une carte, quelque chose que vous avez reçu
et qui vous fera un souvenir de ce que vous avez fait
aujourd'hui...

Évaluation du jour ☆☆☆☆☆

Le voyage...

Lieu:_____

Météo

Humeur

Ce que j'ai fait aujourd'hui...

_____
_____
_____
_____
_____
_____
_____

Ce que j'ai aimé aujourd'hui...

_____
_____
_____
_____
_____
_____
_____

Ce que je n'ai pas aimé aujourd'hui...

_____
_____
_____

Le voyage...   **Date:**_____

Les projets pour demain...

~~~~~~
~~~~~~
~~~~~~
~~~~~~
~~~~~~
~~~~~~

Dessinez ici quelque chose que avez vu, ou collez un ticket,
une facture, une carte, quelque chose que vous avez reçu
et qui vous fera un souvenir de ce que vous avez fait
aujourd'hui...

Évaluation du jour ☆☆☆☆☆

Le voyage...   Lieu:_____

Météo   Humeur

Ce que j'ai fait aujourd'hui...

_____
_____
_____
_____
_____
_____
_____
_____

Ce que j'ai aimé aujourd'hui...

_____
_____
_____
_____
_____
_____
_____

Ce que je n'ai pas aimé aujourd'hui...

_____
_____
_____

Le voyage...　　　　　　Date:_____

Les projets pour demain...

_____
_____
_____
_____
_____
_____
_____

Dessinez ici quelque chose que avez vu, ou collez un ticket,
une facture, une carte, quelque chose que vous avez reçu
et qui vous fera un souvenir de ce que vous avez fait
aujourd'hui...

Évaluation du jour ☆ ☆ ☆ ☆ ☆

Le voyage...　　　　　Lieu:_____

Météo　　　　　　　　Humeur

Ce que j'ai fait aujourd'hui...

_____
_____
_____
_____
_____
_____
_____

Ce que j'ai aimé aujourd'hui…

_____
_____
_____
_____
_____
_____
_____

Ce que je n'ai pas aimé aujourd'hui…

_____
_____
_____

Le voyage...   Date:_____

Les projets pour demain...

_____
_____
_____
_____
_____
_____
_____

Dessinez ici quelque chose que avez vu, ou collez un ticket,
une facture, une carte, quelque chose que vous avez reçu
et qui vous fera un souvenir de ce que vous avez fait
aujourd'hui...

Évaluation du jour ☆ ☆ ☆ ☆ ☆

Le voyage...   Lieu:_____

Ce que j'ai fait aujourd'hui...

_____
_____
_____
_____
_____
_____
_____

Ce que j'ai aimé aujourd'hui…

_____
_____
_____
_____
_____
_____
_____

Ce que je n'ai pas aimé aujourd'hui…

_____
_____
_____

Le voyage...   Date:_____

Les projets pour demain...

~~~~~~
~~~~~~
~~~~~~
~~~~~~
~~~~~~
~~~~~~
~~~~~~

Dessinez ici quelque chose que avez vu, ou collez un ticket,
une facture, une carte, quelque chose que vous avez reçu
et qui vous fera un souvenir de ce que vous avez fait
aujourd'hui...

Évaluation du jour ☆☆☆☆☆

Le voyage...   Lieu:_____

Ce que j'ai fait aujourd'hui...

_____
_____
_____
_____
_____
_____
_____

Ce que j'ai aimé aujourd'hui...

_____
_____
_____
_____
_____
_____
_____

Ce que je n'ai pas aimé aujourd'hui...

_____
_____
_____

Le voyage...   **Date:**_____

Les projets pour demain...

Dessinez ici quelque chose que avez vu, ou collez un ticket,
une facture, une carte, quelque chose que vous avez reçu
et qui vous fera un souvenir de ce que vous avez fait
aujourd'hui...

Évaluation du jour ☆☆☆☆☆

Le voyage...　　　　Lieu:_____

Météo　　　　　　　　Humeur

Ce que j'ai fait aujourd'hui...

_____
_____
_____
_____
_____
_____
_____

Ce que j'ai aimé aujourd'hui...

_____
_____
_____
_____
_____
_____
_____

Ce que je n'ai pas aimé aujourd'hui...

_____
_____
_____

Le voyage...   **Date:**_____

Les projets pour demain...

_____
_____
_____
_____
_____
_____
_____
_____

Dessinez ici quelque chose que avez vu, ou collez un ticket,
une facture, une carte, quelque chose que vous avez reçu
et qui vous fera un souvenir de ce que vous avez fait
aujourd'hui...

Évaluation du jour ☆ ☆ ☆ ☆ ☆

Le voyage...   Lieu:_____

Météo   Humeur

Ce que j'ai fait aujourd'hui...

_____
_____
_____
_____
_____
_____
_____
_____

Ce que j'ai aimé aujourd'hui…

_____
_____
_____
_____
_____
_____
_____
_____

Ce que je n'ai pas aimé aujourd'hui…

_____
_____
_____

Le voyage...   **Date:**_____

Les projets pour demain...

~~~~~~
~~~~~~
~~~~~~
~~~~~~
~~~~~~
~~~~~~
~~~~~~

Dessinez ici quelque chose que avez vu, ou collez un ticket,
une facture, une carte, quelque chose que vous avez reçu
et qui vous fera un souvenir de ce que vous avez fait
aujourd'hui...

Évaluation du jour ☆ ☆ ☆ ☆ ☆

Le voyage...   Lieu:_____

Ce que j'ai fait aujourd'hui...

_____
_____
_____
_____
_____
_____
_____
_____

Ce que j'ai aimé aujourd'hui...

_____
_____
_____
_____
_____
_____
_____

Ce que je n'ai pas aimé aujourd'hui...

_____
_____
_____

Le voyage...   Date:_____

Les projets pour demain...

~~~~~~
~~~~~~
~~~~~~
~~~~~~
~~~~~~
~~~~~~
~~~~~~

Dessinez ici quelque chose que avez vu, ou collez un ticket,
une facture, une carte, quelque chose que vous avez reçu
et qui vous fera un souvenir de ce que vous avez fait
aujourd'hui...

Évaluation du jour ☆☆☆☆☆

Le voyage...   Lieu:_____

Ce que j'ai fait aujourd'hui...

_____
_____
_____
_____
_____
_____
_____

Ce que j'ai aimé aujourd'hui...

_____
_____
_____
_____
_____
_____
_____

Ce que je n'ai pas aimé aujourd'hui...

_____
_____
_____

Le voyage...   Date:_____

Les projets pour demain...

_____
_____
_____
_____
_____
_____
_____

Dessinez ici quelque chose que avez vu, ou collez un ticket,
une facture, une carte, quelque chose que vous avez reçu
et qui vous fera un souvenir de ce que vous avez fait
aujourd'hui...

Évaluation du jour ☆ ☆ ☆ ☆ ☆

Le voyage...   Lieu:_____

Météo   ### Humeur

Ce que j'ai fait aujourd'hui...

_____
_____
_____
_____
_____
_____
_____

Ce que j'ai aimé aujourd'hui...

_____
_____
_____
_____
_____
_____
_____

Ce que je n'ai pas aimé aujourd'hui...

_____
_____
_____

Le voyage...   **Date:**_____

Les projets pour demain...

~~~~~~
~~~~~~
~~~~~~
~~~~~~
~~~~~~
~~~~~~
~~~~~~

Dessinez ici quelque chose que avez vu, ou collez un ticket,
une facture, une carte, quelque chose que vous avez reçu
et qui vous fera un souvenir de ce que vous avez fait
aujourd'hui...

Évaluation du jour ☆ ☆ ☆ ☆ ☆

Le voyage...   Lieu:_____

Météo   Humeur

Ce que j'ai fait aujourd'hui...

_____
_____
_____
_____
_____
_____
_____
_____

Ce que j'ai aimé aujourd'hui...

_____
_____
_____
_____
_____
_____
_____

Ce que je n'ai pas aimé aujourd'hui...

_____
_____
_____

Le voyage... Date:_____

Les projets pour demain...

~~~~~~
~~~~~~
~~~~~~
~~~~~~
~~~~~~
~~~~~~
~~~~~~

Dessinez ici quelque chose que avez vu, ou collez un ticket,
une facture, une carte, quelque chose que vous avez reçu
et qui vous fera un souvenir de ce que vous avez fait
aujourd'hui...

Évaluation du jour ☆ ☆ ☆ ☆ ☆

Le voyage...   Lieu:_____

Météo   Humeur

Ce que j'ai fait aujourd'hui...

_____
_____
_____
_____
_____
_____
_____

Ce que j'ai aimé aujourd'hui…

_____
_____
_____
_____
_____
_____
_____

Ce que je n'ai pas aimé aujourd'hui…

_____
_____
_____

Le voyage...   **Date:**_____

Les projets pour demain...

Dessinez ici quelque chose que avez vu, ou collez un ticket,
une facture, une carte, quelque chose que vous avez reçu
et qui vous fera un souvenir de ce que vous avez fait
aujourd'hui...

Évaluation du jour ☆ ☆ ☆ ☆ ☆

Le voyage...

Lieu:_____

Météo

Humeur

Ce que j'ai fait aujourd'hui...

_____
_____
_____
_____
_____
_____
_____

Ce que j'ai aimé aujourd'hui...

_____
_____
_____
_____
_____
_____
_____

Ce que je n'ai pas aimé aujourd'hui...

_____
_____
_____

Le voyage...   **Date:**_____

Les projets pour demain...

_____
_____
_____
_____
_____
_____
_____

Dessinez ici quelque chose que avez vu, ou collez un ticket,
une facture, une carte, quelque chose que vous avez reçu
et qui vous fera un souvenir de ce que vous avez fait
aujourd'hui...

Évaluation du jour ☆ ☆ ☆ ☆ ☆

Le voyage...   Lieu:_____

Ce que j'ai fait aujourd'hui...
_____
_____
_____
_____
_____
_____
_____

Ce que j'ai aimé aujourd'hui…
_____
_____
_____
_____
_____
_____
_____

Ce que je n'ai pas aimé aujourd'hui…
_____
_____
_____

Le voyage...   **Date:**_____

Les projets pour demain...

~~~~~~
~~~~~~
~~~~~~
~~~~~~
~~~~~~
~~~~~~
~~~~~~

Dessinez ici quelque chose que avez vu, ou collez un ticket,
une facture, une carte, quelque chose que vous avez reçu
et qui vous fera un souvenir de ce que vous avez fait
aujourd'hui...

Évaluation du jour ☆ ☆ ☆ ☆ ☆

Le voyage...　　　　Lieu:_____

Météo　　　　　　　　　　Humeur

Ce que j'ai fait aujourd'hui...

_____
_____
_____
_____
_____
_____
_____

Ce que j'ai aimé aujourd'hui...

_____
_____
_____
_____
_____
_____
_____

Ce que je n'ai pas aimé aujourd'hui...

_____
_____
_____

Le voyage...   **Date:**_____

Les projets pour demain...

_____
_____
_____
_____
_____
_____
_____
_____

Dessinez ici quelque chose que avez vu, ou collez un ticket,
une facture, une carte, quelque chose que vous avez reçu
et qui vous fera un souvenir de ce que vous avez fait
aujourd'hui...

Évaluation du jour ☆☆☆☆☆

Le voyage...   Lieu:_____

Météo   ### Humeur

Ce que j'ai fait aujourd'hui...

_____
_____
_____
_____
_____
_____
_____

Ce que j'ai aimé aujourd'hui...

_____
_____
_____
_____
_____
_____
_____

Ce que je n'ai pas aimé aujourd'hui...

_____
_____
_____

Le voyage...   Date:_____

Les projets pour demain...

~~~~~~
~~~~~~
~~~~~~
~~~~~~
~~~~~~
~~~~~~
~~~~~~

Dessinez ici quelque chose que avez vu, ou collez un ticket,
une facture, une carte, quelque chose que vous avez reçu
et qui vous fera un souvenir de ce que vous avez fait
aujourd'hui...

Évaluation du jour ☆☆☆☆☆

Le voyage...   Lieu:_____

Météo   Humeur

Ce que j'ai fait aujourd'hui...

_____
_____
_____
_____
_____
_____
_____

Ce que j'ai aimé aujourd'hui...

_____
_____
_____
_____
_____
_____
_____

Ce que je n'ai pas aimé aujourd'hui...

_____
_____
_____

Le voyage...　　　　　　　　　　**Date:**_____

Les projets pour demain...

~~~~~~
~~~~~~
~~~~~~
~~~~~~
~~~~~~
~~~~~~
~~~~~~

Dessinez ici quelque chose que avez vu, ou collez un ticket,
une facture, une carte, quelque chose que vous avez reçu
et qui vous fera un souvenir de ce que vous avez fait
aujourd'hui...

Évaluation du jour　☆☆☆☆☆

Le voyage...   Lieu:_____

Ce que j'ai fait aujourd'hui...

~~~~~~
~~~~~~
~~~~~~
~~~~~~
~~~~~~
~~~~~~

Ce que j'ai aimé aujourd'hui...

~~~~~~
~~~~~~
~~~~~~
~~~~~~
~~~~~~
~~~~~~

Ce que je n'ai pas aimé aujourd'hui...

~~~~~~
~~~~~~
~~~~~~

Le voyage...   **Date:**_____

Les projets pour demain...

_____
_____
_____
_____
_____
_____
_____

Dessinez ici quelque chose que avez vu, ou collez un ticket,
une facture, une carte, quelque chose que vous avez reçu
et qui vous fera un souvenir de ce que vous avez fait
aujourd'hui...

Évaluation du jour ☆☆☆☆☆

Le voyage...   Lieu:_____

Météo   Humeur

Ce que j'ai fait aujourd'hui...
_____
_____
_____
_____
_____
_____
_____

Ce que j'ai aimé aujourd'hui...
_____
_____
_____
_____
_____
_____
_____

Ce que je n'ai pas aimé aujourd'hui...
_____
_____
_____

Le voyage...   Date:_____

Les projets pour demain...

~~~~~~
~~~~~~
~~~~~~
~~~~~~
~~~~~~
~~~~~~
~~~~~~
~~~~~~

Dessinez ici quelque chose que avez vu, ou collez un ticket,
une facture, une carte, quelque chose que vous avez reçu
et qui vous fera un souvenir de ce que vous avez fait
aujourd'hui...

Évaluation du jour ☆ ☆ ☆ ☆ ☆

Le voyage...   Lieu:_____

Météo   Humeur

Ce que j'ai fait aujourd'hui...

_____
_____
_____
_____
_____
_____
_____

Ce que j'ai aimé aujourd'hui...

_____
_____
_____
_____
_____
_____
_____

Ce que je n'ai pas aimé aujourd'hui...

_____
_____
_____

Le voyage...　　　　　　**Date:**_____

Les projets pour demain...

~~~~~~
~~~~~~
~~~~~~
~~~~~~
~~~~~~
~~~~~~
~~~~~~

Dessinez ici quelque chose que avez vu, ou collez un ticket,
une facture, une carte, quelque chose que vous avez reçu
et qui vous fera un souvenir de ce que vous avez fait
aujourd'hui...

Évaluation du jour ☆ ☆ ☆ ☆ ☆

Le voyage...   Lieu:_____

Météo   Humeur

Ce que j'ai fait aujourd'hui...

_____
_____
_____
_____
_____
_____
_____

Ce que j'ai aimé aujourd'hui...

_____
_____
_____
_____
_____
_____
_____

Ce que je n'ai pas aimé aujourd'hui...

_____
_____
_____

Le voyage...   Date:_____

Les projets pour demain...

_____
_____
_____
_____
_____
_____
_____

Dessinez ici quelque chose que avez vu, ou collez un ticket,
une facture, une carte, quelque chose que vous avez reçu
et qui vous fera un souvenir de ce que vous avez fait
aujourd'hui...

Évaluation du jour ☆☆☆☆☆

Le voyage...

Lieu:_____

Météo

Humeur

Ce que j'ai fait aujourd'hui...

_____
_____
_____
_____
_____
_____
_____
_____

Ce que j'ai aimé aujourd'hui...

_____
_____
_____
_____
_____
_____
_____
_____

Ce que je n'ai pas aimé aujourd'hui...

_____
_____
_____

Le voyage...   **Date:**_____

Les projets pour demain...

~~~~~~

~~~~~~

~~~~~~

~~~~~~

~~~~~~

~~~~~~

Dessinez ici quelque chose que avez vu, ou collez un ticket,
une facture, une carte, quelque chose que vous avez reçu
et qui vous fera un souvenir de ce que vous avez fait
aujourd'hui...

Évaluation du jour ☆ ☆ ☆ ☆ ☆

Le voyage...   Lieu:_____

Météo   Humeur

Ce que j'ai fait aujourd'hui...

_____
_____
_____
_____
_____
_____
_____

Ce que j'ai aimé aujourd'hui…

_____
_____
_____
_____
_____
_____
_____

Ce que je n'ai pas aimé aujourd'hui…

_____
_____
_____

Le voyage...   **Date:**_____

Les projets pour demain...

~~~~~~
~~~~~~
~~~~~~
~~~~~~
~~~~~~
~~~~~~

Dessinez ici quelque chose que avez vu, ou collez un ticket,
une facture, une carte, quelque chose que vous avez reçu
et qui vous fera un souvenir de ce que vous avez fait
aujourd'hui...

Évaluation du jour ☆☆☆☆☆

Le voyage...   Lieu:_____

Météo   Humeur

Ce que j'ai fait aujourd'hui...

_____
_____
_____
_____
_____
_____
_____

Ce que j'ai aimé aujourd'hui…

_____
_____
_____
_____
_____
_____
_____

Ce que je n'ai pas aimé aujourd'hui…

_____
_____
_____

Le voyage...   **Date:**_____

Les projets pour demain...

~~~~~~
~~~~~~
~~~~~~
~~~~~~
~~~~~~
~~~~~~
~~~~~~

Dessinez ici quelque chose que avez vu, ou collez un ticket,
une facture, une carte, quelque chose que vous avez reçu
et qui vous fera un souvenir de ce que vous avez fait
aujourd'hui...

Évaluation du jour ☆☆☆☆☆

Le voyage...   Lieu:_____

Météo   Humeur

Ce que j'ai fait aujourd'hui...
_____
_____
_____
_____
_____
_____
_____

Ce que j'ai aimé aujourd'hui...
_____
_____
_____
_____
_____
_____
_____

Ce que je n'ai pas aimé aujourd'hui...
_____
_____
_____

Le voyage...　　　　　　　**Date:**_____

Les projets pour demain...

~~~~~~
~~~~~~
~~~~~~
~~~~~~
~~~~~~
~~~~~~
~~~~~~

Dessinez ici quelque chose que avez vu, ou collez un ticket,
une facture, une carte, quelque chose que vous avez reçu
et qui vous fera un souvenir de ce que vous avez fait
aujourd'hui...

Évaluation du jour　☆☆☆☆☆

Le voyage...   Lieu:_____

Météo   Humeur

Ce que j'ai fait aujourd'hui...

_____
_____
_____
_____
_____
_____
_____

Ce que j'ai aimé aujourd'hui...

_____
_____
_____
_____
_____
_____
_____

Ce que je n'ai pas aimé aujourd'hui...

_____
_____
_____

Le voyage...

Les projets pour demain...

_____
_____
_____
_____
_____
_____
_____
_____

Dessinez ici quelque chose que avez vu, ou collez un ticket,
une facture, une carte, quelque chose que vous avez reçu
et qui vous fera un souvenir de ce que vous avez fait
aujourd'hui...

Évaluation du jour ☆☆☆☆☆

Le voyage...   Lieu:_____

Météo   Humeur

Ce que j'ai fait aujourd'hui...

_____
_____
_____
_____
_____
_____
_____

Ce que j'ai aimé aujourd'hui…

_____
_____
_____
_____
_____
_____
_____

Ce que je n'ai pas aimé aujourd'hui…

_____
_____
_____

Le voyage...   **Date:**_____

Les projets pour demain...

_____
_____
_____
_____
_____
_____
_____

Dessinez ici quelque chose que avez vu, ou collez un ticket,
une facture, une carte, quelque chose que vous avez reçu
et qui vous fera un souvenir de ce que vous avez fait
aujourd'hui...

Évaluation du jour ☆☆☆☆☆

Le voyage...　　　Lieu:_____

Météo　　　　　　　　Humeur

Ce que j'ai fait aujourd'hui...

_____
_____
_____
_____
_____
_____
_____

Ce que j'ai aimé aujourd'hui…

_____
_____
_____
_____
_____
_____
_____

Ce que je n'ai pas aimé aujourd'hui…

_____
_____
_____

Le voyage...   **Date:**_____

Les projets pour demain...

‑‑
‑‑
‑‑
‑‑
‑‑
‑‑
‑‑

Dessinez ici quelque chose que avez vu, ou collez un ticket,
une facture, une carte, quelque chose que vous avez reçu
et qui vous fera un souvenir de ce que vous avez fait
aujourd'hui...

Évaluation du jour ☆ ☆ ☆ ☆ ☆

Le voyage...

Météo

Humeur

Ce que j'ai fait aujourd'hui...

_____
_____
_____
_____
_____
_____
_____

Ce que j'ai aimé aujourd'hui...

_____
_____
_____
_____
_____
_____
_____

Ce que je n'ai pas aimé aujourd'hui...

_____
_____
_____

Le voyage...   **Date:**_____

Les projets pour demain...

_____
_____
_____
_____
_____
_____
_____
_____

Dessinez ici quelque chose que avez vu, ou collez un ticket,
une facture, une carte, quelque chose que vous avez reçu
et qui vous fera un souvenir de ce que vous avez fait
aujourd'hui...

Évaluation du jour ☆ ☆ ☆ ☆ ☆

Le voyage... Lieu:_____

Météo

Humeur

Ce que j'ai fait aujourd'hui...
_____
_____
_____
_____
_____
_____
_____

Ce que j'ai aimé aujourd'hui...
_____
_____
_____
_____
_____
_____
_____

Ce que je n'ai pas aimé aujourd'hui...
_____
_____
_____

Le voyage...   **Date:**_____

Les projets pour demain...

_____
_____
_____
_____
_____
_____
_____

Dessinez ici quelque chose que avez vu, ou collez un ticket,
une facture, une carte, quelque chose que vous avez reçu
et qui vous fera un souvenir de ce que vous avez fait
aujourd'hui...

Évaluation du jour ☆☆☆☆☆

Le voyage...   Lieu:_____

Météo   ### Humeur

Ce que j'ai fait aujourd'hui...

_____
_____
_____
_____
_____
_____
_____

Ce que j'ai aimé aujourd'hui...

_____
_____
_____
_____
_____
_____

Ce que je n'ai pas aimé aujourd'hui...

_____
_____
_____

Le voyage...　　　　　　　　　　**Date:**_____

Les projets pour demain...

~~~~~~
~~~~~~
~~~~~~
~~~~~~
~~~~~~
~~~~~~
~~~~~~

Dessinez ici quelque chose que avez vu, ou collez un ticket,
une facture, une carte, quelque chose que vous avez reçu
et qui vous fera un souvenir de ce que vous avez fait
aujourd'hui...

Évaluation du jour ☆☆☆☆☆

Mon Voyage de rêve ...

Mon voyage de rêve...

Si je pouvais aller n'importe où...

_____
_____
_____
_____
_____
_____
_____
_____
_____
_____
_____
_____
_____
_____
_____
_____
_____
_____

Mon voyage de rêve...

Si je pouvais aller n'importe où...

_____

_____

_____

_____

_____

_____

_____

_____

_____

_____

_____

_____

_____

_____

_____

_____

_____

_____

Mon voyage de rêve...

Si je pouvais aller n'importe où...

_____

_____

_____

_____

_____

_____

_____

_____

_____

_____

_____

_____

_____

_____

_____

_____

_____

_____

_____

Mon voyage de rêve...

Si je pouvais aller n'importe où...

_____

_____

_____

_____

_____

_____

_____

_____

_____

_____

_____

_____

_____

_____

_____

_____

_____

_____

Notes et réflexions sur vos voyages

Notes...   Date:_____

_____
_____
_____
_____
_____
_____
_____
_____
_____
_____
_____
_____
_____
_____
_____
_____
_____
_____
_____
_____
_____
_____
_____

Notes...

Date:_____

Travel the

Notes...   Date:_____

Travel
the

Notes...   Date:_____

_____
_____
_____
_____
_____
_____
_____
_____
_____
_____
_____
_____
_____
_____
_____
_____
_____
_____
_____
_____

Notes...   **Date:**_____

_____

_____

_____

_____

_____

_____

_____

_____

_____

_____

_____

_____

_____

_____

_____

_____

_____

_____

_____

_____

Travel the

Notes...   Date:_____

_____
_____
_____
_____
_____
_____
_____
_____
_____
_____
_____
_____
_____
_____
_____
_____
_____
_____
_____
_____
_____

Travel the

Notes...   Date:_____

_____

_____

_____

_____

_____

_____

_____

_____

_____

_____

_____

_____

_____

_____

_____

_____

_____

_____

_____

_____

Notes...   Date:_______________

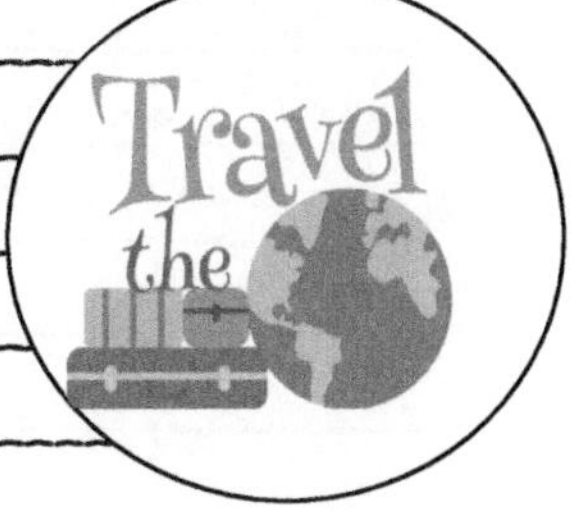

Notes...   Date:_____

Selfies et autres photos de mes voyages

Selfies...

Lieu :_____   **Date:**_____

Description
_____
_____
_____

Selfies...

Lieu :_____   **Date:**_____

Description
~~~~~~
~~~~~~
~~~~~~

Selfies...

Lieu :_____   **Date:**_____

Description
_____
_____
_____

Selfies...

Lieu :_____   **Date:**_____

Description
_____
_____
_____

Selfies...

Lieu :_____   **Date:**_____

Description

Selfies...

Lieu :_____

Date:_____

Description
_____
_____
_____

Selfies...

Lieu :_____   **Date:**_____

Description
~~~~~~
~~~~~~
~~~~~~

Selfies...

Lieu :_____   **Date:_____**

Description
~~~~~~
~~~~~~
~~~~~~

Selfies...

Lieu :_____   **Date:**_____

Description
~~~~~~
~~~~~~
~~~~~~

Selfies...

Lieu :_____   **Date:**_____

Description
_____
_____
_____

Selfies...

Lieu :_____   **Date:**_____

Description
~~~~~~
~~~~~~
~~~~~~

Selfies...

Lieu :_____   Date:_____

Description

~~~~~~
~~~~~~
~~~~~~

Selfies...

Lieu :_____   **Date:**_____

Description
~~~~~~
~~~~~~
~~~~~~

Selfies...

Lieu :_____   **Date:**_____

Description
_____
_____
_____

Informations Pratiques

PLANIFICATEUR DE VOYAGE

Date de départ	Date de retour	Durée de séjour

Compagnie de transport	Compagnie de transport
Date et heure de départ	Date et heure de retour
Date et heure d'arrivée	Info

Hébergement

Hôtel	Adresse
Nombre de nuits	Contact
Check in	Check out

Conseils pour maitriser son budget vacances

VOYAGER HORS DE LA SAISON

FAITES VOS BAGAGES CORRECTEMENT

AYEZ UN BUDGET

RÈSERVEZ VOLS À L'AVANCE

RÈSERVATION DE DERNIÈRE MINUTE

GEREZ VOTRE BUDGET

Budget Vacances

	Dépense	Budget	Réel
Hébergement			

	Dépense	Budget	Réel
Transport			

Notes

Printed in France by Amazon
Brétigny-sur-Orge, FR

15363654R00077